Procurar uma frase

Procurar uma frase

Pierre Alferi

Tradução
Inês Oseki-Dépré

/re.li.cá.rio/

COLEÇÃO
peles inventadas

© Relicário Edições, 2024
© Christian Bourgois Éditeur, 2007

Dados Internacionais de Catalogação na Publicação (CIP) de acordo com ISBD

```
A386p
  Alferi, Pierre
      Procurar uma frase / Pierre Alferi; tradução por Inês Oseki-
  Dépré. – Belo Horizonte: Relicário, 2024.
      116 p. ; 12 x 17 cm. (Peles Inventadas ; v. 3)

      Título original: Chercher une phrase
      ISBN 978-65-89889-87-8

      1. Ensaio literário. 2. Teoria literária. 3. Linguagem. 4. Escrita. I.
  Oseki-Dépré, Inês. II. Título.
                                                        CDD 844
                                                        CDU 82-4
```

Elaborado pelo bibliotecário Tiago Carneiro – CRB-6/3279

COORDENAÇÃO EDITORIAL
Maíra Nassif Passos
EDITOR-ASSISTENTE
Thiago Landi
COORDENAÇÃO DA COLEÇÃO PELES INVENTADAS
Eduardo Jorge de Oliveira
CAPA E DIAGRAMAÇÃO
Caroline Gischewski
PREPARAÇÃO / REVISÃO
Maria Fernanda Moreira / Thiago Landi

RELICÁRIO EDIÇÕES
Rua Machado, 155, casa 4, Colégio Batista
Belo Horizonte, MG, 31110-080
relicarioedicoes.com | contato@relicarioedicoes.com

Para Rodolphe Burger

METEOROLOGIA DO SENTIDO

- 13 o fluxo
- 15 a flutuação
- 17 as nuvens
- 18 o céu
- 20 a feição
- 21 o humor
- 22 o gosto

1. A LÍNGUA

- 25 a instauração
- 26 a retrospecção
- 28 o retorno
- 29 o recuo
- 31 a "origem"

2. O RITMO

- 35 a frase
- 37 a sintaxe
- 39 o enjambement
- 41 a força
- 42 a medida
- 44 o tom
- 46 o sentido
- 48 o "querer dizer"

3. AS COISAS

- 51 a experiência
- 52 a pulsação
- 54 a célula
- 55 a animação
- 57 a contingência
- 59 o "passado"

4. A INVENÇÃO

- 63 o pensamento
- 65 a desordem
- 67 a analogia
- 69 o despontar
- 71 a exigência
- 73 o reconhecimento
- 75 o "indizível"

5. A CLAREZA

- 79 a declaração
- 81 a platitude
- 83 a economia
- 85 a "transparência"

6. A VOZ
- 89 a coerência
- 91 a trança
- 94 o texto
- 96 o processo
- 98 o "estilo"
- 100 o lirismo

procura-se uma frase 103
Eduardo Jorge de Oliveira

Sobre o autor 113

Coleção Peles Inventadas 115

METEOROLOGIA DO SENTIDO

o fluxo

Traçado durante o ano de 1990, em paralelo à escrita de um primeiro livro de poesia, igualmente breve, este pequeno tratado tenta elucidar uma ideia intuitiva da prática literária. O que poderia parecer inconsciência ou, pior ainda, presunção – a escolha de proceder por meio de asserções que nenhuma referência nem exemplo algum interrompem – foi ditado pelo desejo de propor hipóteses desarmadas, reduzidas à sua expressão mais simples e mais contestável. Em primeiro lugar vem o ritmo, ou seja, a estruturação de um fluxo, sem que esse mesmo fluxo seja naturalizado ou qualificado. A descrição se limita às formas de um elã, de uma força ou de uma pulsão, à evidência fenomenal de um movimento espontâneo contínuo, isto é, à vida. Essa reserva tem seu preço: uma flutuação que, envolvendo muitos termos, lhes proíbe ter acesso ao nível de conceitos. "O sentido de uma frase", pode-se ler no fim do segundo capítulo, "é o efeito global de seu ritmo" – definição, muito vaga e redutora em aparência, para aquilo que parece constituir o próprio elemento em que se move a literatura.

a flutuação

Essa flutuação era evitável? O sentido, numa frase, se obtém de maneira sequencial. A sequência dispõe palavras; ela indica entre elas trajetos sintáxicos e afinidades semânticas. Essa composição, que ritma o aparecimento do sentido, não provém senão em parte da gramática e da lógica. Pois o sentido, pelo menos em literatura, incita a sentir tanto quanto a compreender. Ele deixa ver e ele toca; ele reage. Não tem a validez de um silogismo nem o valor de verdade de uma proposição, nem mesmo a substância de um conteúdo. Nas vizinhanças da significação dominante das palavras, ele detona, escorre e se estende. Ele se produz, eventualmente se traduz em outras línguas, mas não pode ser dito. Uma vez lida a menor frase de um romance, o sentido continua a fremir, a se deformar, a vibrar, e é em vão que tentaríamos clausurar seu contorno. (Não existe paráfrase.) Pois jogamos com a tensão do sentido, tocamos a corda para ouvir os harmônicos. O efeito global permanece essencialmente instável, ondulações o atravessam. Lá onde o sentido está vivo, a flutuação é necessária.

as nuvens

Esse fluido que se anima, que escorre e turbilhona no leito da frase transforma-a, para quem a lê, num lugar de experiência. Através dele opera-se uma transfusão. Como o efeito permanece até certo ponto incalculável, a experiência transfundida permanece uma força de afeto, uma essência volátil. O teor semântico importa menos, nos produtos de uma arte, do que a maneira pela qual o sentido se produz, se oferece e se recusa, se desdobra, se reserva. Ele adota, ao se liberar, uma certa silhueta, como um círculo de fumaça. Ouvida e sentida plenamente, cada frase deixa a lembrança de um volume de bordas evanescentes, que se agrega mais ou menos às anteriores. E, ao erguermos os olhos do livro, podemos ver essas lembranças de formas "flutuantes" moventes coabitarem, se unirem ou se desunirem.

o céu

Nesse momento, uma fisionomia aparece, que se assemelha menos àquela, expressiva, de um rosto do que a de um relevo da atmosfera, a de um céu diurno. Produzido por interações delicadas e complexas, sem um verdadeiro precedente, o céu aparece, porém, a cada hora do dia, na simplicidade de uma evidência. Sua luz é difusa, suas nuvens têm um ar de família. Desse modo, no final de um conto ou de um poema, um sentido fixo foi desenvolvido, claro ou opaco, denso ou difuso, tempestuoso ou plano. Pode aparecer centrado, quer seu âmago brilhe ou se eclipse. Mas pode igualmente se repartir em massas iguais como um céu encarneirado, ou em camadas, como um véu. Quando correntes se chocam, ele esbraveja, atormenta ou fulmina. Pode ocorrer que ele se desfaça e se perca na periferia. Às vezes, ele é aspirado num ciclone de redundância.

À medida que as páginas são viradas, ele pode se carregar, se enredar, assim como irradiar ao se descobrir.

a feição

Se o sentido for de tipo fluido, sua coerência num texto provém menos da arquitetura do que da dinâmica. Ela é análoga ao estado de um corpo elevado por um movimento ritmado a uma certa temperatura. Como se agregam ou se separam os menores elementos significantes? Como as gotículas em suspensão, que parecem reunidas por acaso, arrastadas num movimento browniano, povoam o ar com fantasmas tão definidos como nuvens – cúmulos ou estratos? O segredo da consistência é mais simples do que os procedimentos, mais misterioso do que uma manipulação consciente. Ele depende de condições climáticas, de flutuações do meio sensível em que se imerge o texto. A continuidade é tão precária quanto a da água no ar.

o humor

A imagem da feição do sentido que oferece o céu profano, alternadamente brumoso, sombrio ou radioso, parece maculada de psicologia, e mesmo de moral. Como ele age sobre nosso humor, o tempo que está fazendo se tornou seu reflexo infinitamente atenuado; percebemo-lo raramente sem ler nele uma tonalidade mental. Ora, o sentido global de um texto, por ser uniformemente sensitivo, sentimental e intelectual, tem também qualidades de *thymie*. Como nas outras formas artísticas, humores contagiosos o animam, temperando-o ou dilacerando-o, e nos afetam diretamente. A intensidade, a sutileza e a evanescência da experiência estética dependem disso. É o aspecto meteo-humoral do sentido que decide. Antes de toda interpretação, toda análise (retórica, estilística ou outra), a maneira pela qual o sentido aparece, o gênero de consistência que adquire, atinge o corpo e o pensamento.

o gosto

O gosto e suas transformações sazonais são mais seguramente dirigidos por esse sentido do sentido do que por uma preferência marcada por temas ou gêneros. As leitoras, os leitores apaixonados por literatura, embora nada os encoraje, seguem instintivamente a pista invisível de um humor, um rastro climático, para se depararem afetados pelo sentido em tal jogo de sombras e de luz, para o virem surgir de uma certa maneira. O que eles procuram não é uma frase, mas a fase e a face mais hospitaleira do céu.

(2006)

1. A LÍNGUA

a instauração

A literatura é feita de frases que se mostram como são. A ficção expõe claramente a maneira como as frases, dizendo algo, fazem algo. Cada uma, aqui, se relaciona antes de tudo com a sua própria possibilidade: um passado singular – experiência, pensamento, língua – inventado, no sentido em que ele não pode ser captado em outra parte. E cada uma, assim, se apresenta claramente como um gesto ou como um ato: o de recolher esse passado fraseando. A literatura ativa, portanto, uma teoria da frase. Mas, geralmente, ela não necessita formulá--la à parte. Pois a literatura forma frases novas, que operam somente sobre o que dizem e contêm seu próprio passado. Produzir uma frase e produzir sua origem se confundem então no fato de dizer. Esse gesto único é uma instauração. As frases da literatura não são descritivas, elas são instauradoras.

a retrospecção

O gesto instaurador toma a forma de um retorno. Mas a retrospecção aqui não é uma fundação; a origem que ela atinge não é um fundamento. Um fundamento se descobre retrospectivamente ao longo de um exame. Ele funda porque ali já se encontrava, independentemente do exame e de seu movimento retrospectivo. É um anterior absoluto, objeto de uma contemplação distanciada e de um julgamento retrospectivo. (A filosofia fez da origem um fundamento: ela pôs em relevo o "sempre já".) A literatura inventa o passado das frases. A origem não se separa do trabalho literário, cujo movimento retrospectivo a constrói, a constitui. É um anterior projetado, que não é objeto nem de uma contemplação nem de um julgamento, nem de uma questão nem de uma resposta, mas de uma instauração. (A literatura faz da origem uma anedota continuamente contemporânea; ela aí insiste na "primeira vez".) Em literatura, a própria retrospecção é ativa, instauradora; ela inventa seu objeto relegando-o ao passado, ela o produz por uma projeção retroativa. Em literatura, a origem é somente o gesto instaurador, o próprio movimento da invenção sob todas as formas. E, visto que se trata de um movimento retrospectivo, as formas da origem são somente formas da retrospecção.

o retorno

Antes de tudo é na língua que a literatura projeta uma origem. Não há nada mais próximo do que a língua materna. Sua proximidade é o padrão de toda proximidade. Na língua, portanto, a literatura não projeta uma origem entre outras. Mesmo quando ela provém de tal experiência, de tal pensamento, é a proximidade da língua que permite experimentar a da origem. As formas da retrospecção se declinam evidentemente numa série de gestos muito variados – gestos que projetam para trás experiências ou pensamentos e que dizem o que fazem. E esses gestos formam o conjunto aberto das frases da literatura: frases instauradoras, que modelam uma origem. Mas todas as formas de retrospecção têm algo em comum; uma forma mínima aí se repete: a forma do retorno à língua.

O recuo

Retornar à língua materna é ser-lhe fiel. E, entretanto, com esse retorno, a língua não se encontra mais próxima do que estava – ela estava o mais próximo possível. Não somente a aproximação se revela aqui impossível, mas a fidelidade; se se tratasse de permanecer nessa proximidade uniforme, de ater-se a ela, seria insuportável. Nessa proximidade insuportável, somente ocupa o lugar do retorno um movimento em direção à língua, que a empurra para o passado: encenação do retorno ao lugar onde não existiu a menor distância. Nesse caso a retrospecção é efetivamente ativa – um gesto que faz recuar a língua. A literatura começa quando a aderência à língua materna, sua imanência, é conjurada. Esse desprendimento é autorizado por um sentimento não subjetivo, cuja matéria é uma qualidade da língua: a estranha qualidade de passado que só pode possuir o mais próximo. (A "doçura da língua", quando ela parece algo estrangeira a si própria, é também sua clareza.) Ouvindo os textos que se atribuem uma origem na língua, guardando as distâncias, tem-se o sentimento de um puro passado. Aí está a única fidelidade possível, pois é se afastando da língua que se pode lhe dar uma voz. (Em literatura, os arcaísmos têm o efeito inverso do esperado.) Essa voz é um idioma literário, a língua ouvida como eco. Fazer frases nessa língua é fazer recuar a língua. Fazer frases nessa língua que não é uma língua, mas uma certa relação retrospectiva à língua, é inventar frases.

a "origem"

A literatura reduz suas origens às formas retrospectivas de uma instauração. Mas responde ela a uma "questão da origem"? Se as respostas radicais são enviesadas, é que a origem é a língua em geral: proximidade incomparável, mas figura intocável da proximidade. A questão se esgota então por si própria: a literatura dissolve a origem na invenção de cada frase singular, resolve a questão – sem responder a ela – pela operação da frase. (As questões de origem são armadilhas.)

2. O RITMO

a frase

O objeto literário é a frase. Não existe forma comum a todas as frases e, no entanto, em cada frase nova, pode-se reconhecer a frase. Pois a frase é, em primeiro lugar, a operação que, para se inventar, cada frase nova deveu praticar sobre si mesma: a própria ação de frasear. Cada frase foi fraseada – inventada antes de ser utilizada –, retomada. A frase é esse momento em que uma frase nova se forma, o advento de sua singularidade. (Enquanto operação, a própria frase decide das relações que ela entretém com seu contexto linguístico, pragmático, literário.) Visto que a literatura inventa frases, ela acontece na frase. Ela não tem, porém, nada de uma entidade universal; há mais a dizer dela do que da retomada e do gasto das frases na linguagem comum, mas menos do que tal ou tal frase nova. Se é preciso falar da frase assim entendida, não é para descrever uma forma comum, mas para mostrar como se fraseia, para inventar frases.

a sintaxe

Toda frase é musical. A imitação da música sonora permanece, no entanto, secundária. (Comparadas às possibilidades verdadeiramente musicais, a assonância permanece um jogo bastante pobre nos timbres; a acentuação, um jogo bastante pobre nas alturas; a prosódia, um jogo bastante pobre nos ritmos.) As formas musicais mais evidentes não são as mais decisivas: a música sonora da frase escapa à insipidez da ornamentação somente acompanhando sua música intrínseca, pondo-se a seu serviço. Ela consiste em um ritmo essencialmente mudo. A própria sintaxe é esse ritmo. Trata-se, com efeito, de uma ordem cadenciada, de uma hierarquia sequencial. A construção gramatical da frase é evidentemente rítmica – ela segmenta hierarquizando. Mas existem também na frase relações precisas de um termo com outro além dos limites dos membros e sem consideração para com sua organização gramatical: eco, nuance, oposição, tropo, relação de tal termo com tal outro, cuja ausência se faz sentir, ou com sua própria ausência, que se faz sentir alhures etc. Quase sempre independentes da construção, essas relações de sentido formam, porém, estruturas rítmicas – elas fazem oscilar o fio da frase, definem a amplitude de suas vibrações. Elas são, portanto, sintáxicas sem serem de natureza gramatical. (Entre as relações semânticas constantes estudadas pela lexicografia e as estruturas semânticas variáveis estudadas pela retórica e pela estilística, a ruptura se deve à frase.) A frase instaura um ritmo que lhe é próprio, mas que não se reduz à sua construção: trata-se de uma sintaxe mais rica do que sua gramática. Tudo o que é oscilação, velocidade, síncope provém da sintaxe. Entendida desse modo, a sintaxe é muito mais do que o esqueleto da frase, é seu sistema circulatório: é o que há de rítmico no sentido.

o enjambement

Para experimentar o ritmo e para agir sobre ele, é preciso respeitar a sintaxe. A linguagem corrente está imersa no elemento da sintaxe, ela se deixa embalar por seu ritmo; basta-lhe, portanto, retomar formas de frases obsoletas. Ao contrário, na poesia, o *enjambement* é o índice sonoro de uma crise sintáxica necessária à invenção das frases. (O recuo da língua produz um "sentimento musical".) É por isso que a poesia é o lugar crítico da invenção das frases: o verso e a prosódia, unidade e ritmo não gramaticais, põem a sintaxe em crise. Mas a poesia pode passar sem acompanhamento sonoro, sem musicalidade métrica: só lhe é necessário o *enjambement*. E a crise sintáxica da qual ele é o índice mais claro pode ocorrer também, de maneira mais discreta, na prosa, isto é, numa colocação rítmica puramente sintáxica. (Em poesia como em prosa, é antes de tudo o ressono da sintaxe que trai o academismo.) Sem misturar os gêneros nem confundi-la com sua prática respectiva, pode-se definir a literatura pela inquietude da sintaxe.

a força

A frase põe em ritmo uma força. Nem a origem nem a natureza dessa força interessam à literatura. Essa força só lhe interessa na medida em que ela se orienta na direção do proferimento. Ela não provém deste ou daquele desejo, não se deixa determinar por "objetos do desejo" – estados a serem provocados, coisas ou seres a serem atingidos. Ela não provém tampouco do sentido, não quer dizer nada ainda. Para querer dizer algo, é preciso dispor da frase na qual essa vontade é articulada, na qual essa coisa é nomeada. (Só existe "querer dizer" *a posteriori*.) A força engajada na formação de uma frase é apenas o elã do proferimento.

a medida

Ritmando o elã, a frase o encena. Mas ela não o representa, não o imita, pois ele não é representável. (A expressão sempre fracassa.) Ela o mede. O elã é em si próprio excessivo, desmesurado. Sua desmesura consiste em sua indeterminação. Elã infinito, pura afirmação, ele confina com a vacuidade: a de um desejo de falar que nada satisfaz, de uma fala que não pode dizer nada, insustentável. O elã recai então por si mesmo na medida. A medida é a própria recaída; ela não é uma restrição exterior, mas a forma lógica na qual o elã se expõe em seu excesso, a sequência que, sozinha, pode desenvolver seu paradoxo. Ela não se opõe, portanto, à desmedida do impulso; ela é a medida desse excesso. (Querer manter a desmedida como um momento autônomo é passar do inarticulado ao desarticulado, ou seja, à algaravia.) Assim cada frase constitui uma articulação interna do elã. Cada uma à sua maneira o afirma, o explica, o limita, o relança. A frase existe quando o elã do proferimento, sua desmedida e sua recaída se transformam em pulsação, quando um dispositivo rítmico suporta a afirmação. Instaurando a medida, cada frase é sua própria unidade de medida.

o tom

As frases se distinguem, antes de mais nada, pelo dispositivo rítmico ou pela medida em seus diversos aspectos. Ao recair, o elã do proferimento adquire em primeiro lugar uma certa dobra – ele se precipita numa curva. Cada curva dá o tom, correspondendo eventualmente a um registro da invenção retórica. Na ironia, o elã se inverte; na elipse ele se interrompe; na correção ele é retomado; na concessão ele enfraquece etc. Tais curvas não podem absolutamente subsistir fora da frase, nem se formarem antes dela. Entretanto, não são ainda formas de frase. São formas que a frase nascente projeta retrospectivamente sobre o próprio elã do proferimento. A frase supõe, portanto, uma invenção retrospectiva da curva ou do tom. Ela impõe ao elã tal ou tal curva, e ao mesmo tempo ela a projeta no passado como uma origem da frase. A singularidade de cada frase aparece assim numa instauração retrospectiva.

o sentido

Tal instauração rege também os outros aspectos da medida na frase. É pelo gesto retrospectivo que esta última precipita em tal forma sintáxica concreta o elã do proferimento. A frase fixa retrospectivamente a fonte do proferimento pelas formas da interlocução: a narração na primeira pessoa ou então o relatório impessoal, o diálogo, o estilo indireto livre etc. A frase fixa retrospectivamente a finalidade do proferimento pelas formas da eloquência: a finalidade reservada ao destinatário, o apelo à emoção, à aprovação ou à sua rejeição, a evocação da presença das coisas e o efeito de realidade ou de irrealidade etc. Enfim, a frase fixa, retrospectivamente, o sentido que ela se propõe a produzir, pelas relações rítmicas que ela estabelece termo a termo em seu léxico e pela disposição rítmica de todos os elementos anteriores: uma curva ou um tom, uma fonte do proferimento fixado aqui ou lá, uma finalidade explícita. (No ritmo, a identidade da forma e do conteúdo é um dado concreto: o sentido de uma frase é o efeito global de seu ritmo.) Esses elementos têm em comum o fato de serem pressupostos pelas frases e, ao mesmo tempo, de resultarem dela; é a razão pela qual eles devem ser o produto de uma retrospecção. A frase se incorpora ou toma sentido numa relação retrospectiva com a força indeterminada que o anima.

o "querer dizer"

A frase projeta sua origem no elã do proferimento. Ela lhe atribui, retrospectivamente, uma medida e, dessa forma, ela instaura um dispositivo rítmico regular – sua própria forma sintáxica. Mas cada frase não teria, antes mesmo de tomar forma, um autor, cujo objetivo ela deve servir? A ideia de um sujeito da enunciação, a ideia de um desejo movido por objetos e a própria ideia de algo a dizer são efeitos secundários da frase, de sua instauração retrospectiva – elas se formam *a posteriori*. A ilusão de que esse sujeito, esse desejo e esse querer-dizer existam antes da frase é apenas a imagem deformada, passivamente contemplada, dessa primeira retrospecção ativa. O que parece determinar a frase do exterior faz parte disso. A instauração da frase é a frase.

3. AS COISAS

a experiência

A frase põe em ritmo as coisas. É uma experiência. Tudo o que chamamos de "experiência" supõe sucessão e hierarquia – isto é, ritmo, sintaxe. Fazer uma experiência, conduzi-la até o termo, significa dizê-la. A frase fornece a forma sintáxica que define a experiência e, desse modo, retrospectivamente, ela a faz, ela a produz projetando-a num passado sempre presente. (A experiência é uma origem contemporânea, uma forma de retrospecção.) Inventando o ritmo, a frase, assim como a experiência, reencontra as próprias coisas.

a pulsação

Uma experiência começa com a aparição de uma coisa e com a primeira utilização de uma palavra. Na forma mais simples da aparição, uma coisa cai. Antes de ser instalada, objetivada para uma representação, oferecida a um uso, uma coisa cai diante de nossos olhos, diante do sentido; ela se instala, ela aterrissa. Sua "primeira vez" foi imprevisível, suspensa ao acaso de um encontro. A contingência ou a graça de sua aparição não indicam uma origem longínqua, invisível. Antes, é bem a marca do que chega ao seu lugar próprio sem nenhuma origem: de uma coisa que ainda não é um objeto, dada antes de ser apresentada. Na relação mais simples entre a palavra e a coisa, a palavra nomeia a coisa. Antes de ser associada a uma imagem, de lacrar a clausura de uma representação, a palavra se limita a remeter à coisa, a indicar a coisa em seu lugar próprio. A referência é um laço mais tênue, mas mais forte do que o de uma representação de um objeto representado: um simples engate da palavra à coisa, sem a violência de uma apropriação, sem a precariedade. A referência acontece, não se pode nem reforçá-la nem comprometê-la. (A literatura não altera a referência mais do que as coisas; ela constata.)

a célula

Referência e aparecimento se conjugam. Dois movimentos se medem um ao outro e constituem assim uma célula rítmica: o de uma coisa vindo ao encontro, o de uma palavra apontando para ela. E essas formas mais simples da experiência deixam a coisa bem intacta, porque, para nós, a própria coisa não passa disto: a pulsação entre aparecimento e referência. (Em sua pulsação íntima, a experiência não libera nenhum índice da "inadequação" da linguagem, nem tampouco de sua "adequação". Existe pulsação somente porque cada coisa tem vários nomes e cada palavra, vários referentes.) Mas, oferecido à rotina da percepção, esse batimento elementar se torna imperceptível. O aparecimento se instala numa presença segura: a coisa se torna objeto de uma representação. A referência se satura de psicologia: a palavra é ligada a imagens.

a animação

Somente uma frase pode manter a batida da coisa. O elã do proferimento arrasta em sua curva as palavras com suas referências: elas não se limitam mais a remeter às coisas, elas se atraem reciprocamente. Cada célula rítmica mínima se encontra então presa num jogo de contrastes, de antecipações, de chamadas. Essas relações internas que constituem o ritmo da frase não extirpam a palavra da frase, elas não atingem a referência. (As frases da literatura são decalques no mapa referencial: não modificam os pontos, mas escolhem alguns deles para traçar linhas rítmicas.) Esse ritmo sintáxico, porém, ao mesmo tempo que joga com a referência, impõe-lhe uma tal tensão que as coisas se soerguem ligeiramente, descolam-se ligeiramente de seu lugar, arrastadas também. A presença tranquila na qual estavam instaladas, objeto de uma certeza que fazia esquecer a contingência de seu aparecimento, essa presença é provisoriamente suspensa. A sintaxe reanima as células rítmicas elementares. A frase faz cintilar a referência: ela cria assim uma flutuação nas coisas. (O transporte das coisas pela linguagem não é uma metáfora.) Mas essa leveza só dura o tempo da frase. A referência garante o engate das palavras às coisas no seu lugar próprio. Ligeiramente soerguidas, elas só podem recair, retomando o calmo estágio no qual a percepção habitual as reconhece. A frase terá sido para elas a ocasião de um breve sobressalto.

a contingência

Na frase, a queda das coisas é orquestrada. Tendo feito cintilar a referência, tendo soerguido as coisas, a frase termina deixando-as pousarem novamente, se oferecerem como pela primeira vez. Quanto mais a frase puxa o fio da referência – mais seu ritmo se afasta da percepção habitual, mais as próprias coisas aparecem em sua contingência. A percepção habitual pode retomar seus direitos; o desvio que ela impõe foi, por um instante, aniquilado. A frase indica então o caminho do retorno às próprias coisas – não por imitação, mas por um tipo de abandono. Para tal, ela não precisa nem descrever a experiência: ela a produz. Pois, criando uma flutuação nas coisas, o ritmo da frase fixa em seu tempo lógico as condições de uma simples aparição e lhe deixa a última palavra, a queda. (Há menos fidelidade na neutralidade de uma constatação do que na distância de um poema.) Desse modo, as frases da literatura indicam, para além dos lugares retóricos, o lugar único onde caem as coisas. A literatura repõe as coisas em ordem; nela, elas batem sua própria medida.

o "passado"

A frase inventa uma experiência. Ela projeta retrospectivamente em cada coisa uma célula rítmica mínima; ela mantém sua batida integrando-a a uma forma rítmica estável em que a coisa não cessa mais de recair, inexoravelmente contingente. Trata-se de uma instauração. Mas as frases não serviriam para descrever coisas conhecidas, evocar experiências passadas? É pela mesma ilusão que se confunde, *a posteriori*, a referência com uma imitação, as coisas com os objetos idênticos em si, as frases com as descrições. *A posteriori*, tudo se passa com efeito como se, na frase, se dissesse uma experiência já feita. À experiência que não conheceu nada, a frase impõe uma forma; e por essa razão, a forma parece ter sido imposta de antemão à frase que a inventa. (O apelo que faz ouvir na frase uma experiência impossível antes dela é a fonte do sentimento elegíaco.)

Mas a experiência se passa somente numa frase: é a frase que se impõe como experiência, como única forma capaz de conter seu próprio passado.

4. A INVENÇÃO

o pensamento

Um pensamento é uma frase possível. Uma frase deve à sintaxe o ritmo que a conduz e o da referência pela qual ela conduz as coisas. Ora, um pensamento se articula desde o início de maneira sintáxica; ele é, portanto, parte integrante da frase ouvida como operação, como colocação em ritmo na língua. (Um pensamento nada tem a ver com o equivalente psicológico de uma palavra isolada – ideia ou representação.) Mas a língua é mais do que o conjunto das frases já formadas, e os pensamentos têm justamente seu lugar próprio nesse excesso. O pensamento não é um império no império da língua, mas o avanço que a linguagem toma em relação a si mesma: linguagem possível. (É uma ilusão retrospectiva, reverso teórico e passivo da invenção, que mostra o pensamento como um império a partir do qual o avanço da linguagem parece um atraso perpétuo.) Antes de toda intuição, essa possibilidade torna-se o objeto de uma decisão. Uma nova frase é possível justamente na medida em que ela é efetivamente procurada. Pensar significa: procurar uma frase.

a desordem

Não se pode procurar uma frase senão por meio de outras frases. Nesse momento mais concreto da invenção, um pensamento ocupa o seu lugar. Uma esquiva prevê cada pensamento: a da frase procurada. E uma desordem o sucede: a das frases que afluem para substituí-la provisoriamente. Elas vêm ao espírito porque já foram utilizadas; elas voltam sob o efeito de uma força de inércia da linguagem, memória anônima ou uso passivo. Desse modo, a procura passa pela retrospecção, pela evocação de frases com formas familiares. Mas, do ponto de vista da frase pressentida, elas parecem gastas, inutilizáveis. (Uma voz escolhe; ela só se ouve recusando.) A retrospecção torna-se então ativa, ela revoga as frases evocadas, afastando-as num passado mais distante do que o da memória anônima: um passado revolto. Uma frase nova se inventa a partir do que se afasta, numa distância, num vazio artificiais.

a analogia

Evocando e, em seguida, revogando uma série de frases disponíveis, não nos contentamos em afastar um obstáculo, trabalhamos um material. As frases gastas vêm ao espírito e são examinadas, porque uma afinidade as une. Sem dúvida, fazemos espontaneamente variar as palavras, os grupos de palavras um por um; a afinidade não depende das palavras tomadas separadamente. Ela depende de uma certa relação entre as palavras, relação que tentamos encontrar em cada frase, para mantê-la, insistindo, através dessas transformações. Essa relação interna revela em cada uma certos traços sintáxicos, um aspecto do ritmo constitutivo do sentido. A afinidade que autoriza o retorno de tais frases mais do que outras se resume, portanto, numa relação entre relações, numa analogia. A analogia tem como princípio a própria frase procurada, que se torna acessível na descoberta da analogia. (A invenção é circular apenas em aparência; antes, é uma espiral, com a memória anônima da linguagem em periferia e, no centro, a forma definitiva da frase.) De fato, o pensamento que reúne assim várias frases usadas coincide com a frase procurada, com a frase se avultando, passando da sombra à silhueta. A possibilidade de uma frase consiste somente no movimento de sua procura; é nisso que ela é um pensamento.

o despontar

Esse pensamento retrospectivo é uma instauração. Ao tratar como frases gastas as que se oferecem de imediato, as colocamos suficientemente longe para que gravitem em torno de uma frase impronunciada e sem mais lhe criar obstáculo: o movimento em direção ao passado é primeiro negador. Mas a frase procurada é ela própria tomada numa retrospecção, desta vez afirmadora. O objeto ausente da procura a orienta, com efeito, como se a precedesse. E se as frases revogadas aparecem como variações sobre um tema, é porque o resultado de sua seriação aparece como seu princípio. Pela retrospecção, o pensamento produz, inventa uma analogia até então invisível. Ao fazer as frases recuarem e, depois, seguir como uma lembrança o que não passa de um pressentimento, ela isola uma possibilidade oculta, comum a tal ou tal conjunto de frases. (A invenção de uma melodia passa pela "obsessão musical".) Não se trata de uma média ou de um compromisso entre as frases gastas, mas de uma nova possibilidade ligada a certos traços de sua sintaxe, uma possibilidade extrema a que cada uma delas só responde parcialmente: sua fina ponta sintáxica, a possibilidade de despontar. (A invenção é uma individuação; a frase nova estabiliza esse estado saturado da linguagem no qual as frases se colidem.) Quando uma possibilidade desse tipo é pensada até o fim, uma nova frase se forma.

a exigência

Somente uma invenção ao mesmo tempo improvável e fiel a uma exigência é bem-sucedida. Não abandonar nada da possibilidade pressentida, eis a forma geral da exigência. "Não abandonar nada" significa: não se deter nas frases gastas que se apresentam, mas também: não ceder à "correção". (A verdadeira fidelidade à linguagem não cede nada à linguagem – antes fiel a suas possibilidades do que a seu uso.) Existem formas sintáxicas insubstituíveis e "incorretas". A "correção" consiste numa média das frases já formadas, sancionada pelo uso; a possibilidade de uma punção sancionada por uma frase nova consiste numa analogia até então invisível. Gramática e invenção sao bastante compatíveis, mas não se devem exigir concessões somente da primeira, sob o risco de trair a segunda. Mais geralmente, o risco de deformar ou de esquecer a possibilidade pressentida aumenta com o tempo da procura. Apesar de nem sempre se deixar corrigir, esse esquecimento é sempre sensível. Sempre se pode optar por não dizer nada, antes do que dizer pela metade. Não abandonar nada: somente com essa condição uma frase nova aparece em sua necessidade.

o reconhecimento

A necessidade de uma nova frase aparece claramente em sua leitura. Quando a encontramos já toda feita, só vemos nela um acidente. Substituímo-la, então, por frases gastas que retornam, guiados por uma afinidade entre elas e a frase lida. É desse primeiro gesto que se trata quando dizemos que "compreendemos o sentido" de uma frase. Em seguida reencontramos, numa constelação de frases semelhante àquela que presidiu a invenção, a singular analogia, exata, que assinala sua possibilidade de despontar. Se reconhecemos nela a frase lida, é que ela era necessária. (A interpretação é circular somente em aparência; trata-se, de novo, de uma espiral, mas percorrida nos dois sentidos e mais rapidamente, pois seu centro já está fixo.) E dizemos: "não se podia dizer melhor". Existe literatura quando esta segunda evidência, a da necessidade da frase, ganha sobre a compreensão, sobre a evidência de seu sentido.

o "indizível"

Frase possível, um pensamento é, portanto, da mesma forma, a atualização dessa possibilidade, o gesto retrospectivo que a extrai de um conjunto de frases usadas. A literatura é pensamento puro, isto é, livre. Não se diz, entretanto, que ela extrai sua força do "indizível" que a comprime? Esse obstáculo monolítico é o avesso da representação. Fabricamos o indizível mantendo a confusão entre dizer e imitar, entre literatura e pintura figurativa. Uma frase diz coisas e não tem necessidade alguma de imitá-las: ela as nomeia. Uma frase diz um pensamento e não tem necessidade alguma de representá-lo: ela fixa a forma sintáxica da qual esse pensamento foi a procura. A literatura não tem como missão imitar qualquer coisa – nem mesmo "se representar". (A *mise en abyme* é o último refúgio da imitação: um impasse.) A única missão da literatura é inventar novas formas sintáxicas, novas colocações rítmicas: estender a linguagem. Nesse sentido, dizer não deixa nenhum espaço ao fantasma do indizível; como o horizonte, ele recua a cada frase. O único obstáculo é, a cada vez, o conjunto das frases gastas que ocultam sua própria possibilidade de despontar. Cada frase tem seu obstáculo, mas nenhum é intransponível.

5. A CLAREZA

a declaração

A literatura tende à clareza. É claro aquilo que se mostra como tal. Mas tudo se mostra a nós através da linguagem. É, portanto, a própria linguagem que tem mais diretamente acesso à clareza – através dos fatos de linguagem que se mostram como são. Ora, a linguagem se mostra em sequências que têm, cada uma, seu próprio ritmo: ela se fraseia. A clareza, portanto, é antes de tudo a propriedade de uma frase na qual a linguagem se declara sob tal ou tal aspecto rítmico, a propriedade de uma declaração. Essa clareza primeira, relação da linguagem consigo mesma, que mal é uma relação, parece tanto menos apreensível quanto mais clara. Ela se verifica, porém: a literatura existe apenas para testemunhá-lo. (A clareza concerne apenas secundariamente à relação entre uma representação e o que ela representa. Entretanto, se a linguagem não fosse o lugar de uma clareza primeira, um veto seria erguido a todos os seus usos instrumentais, todos os seus efeitos de representação.)

a platitude

A clareza não tem um lugar próprio entre a linguagem e seu exterior. Entre as palavras e as coisas, a relação é de referência. Esta ocorre quando se usam palavras, não quando se contenta em citá-las: mesmo quando citação e uso se misturam, ela não poderia ser mais ou menos clara. A clareza da linguagem não é, tampouco, a das ideias. As ideias, representações mentais "claras" ou "confusas", são efeitos secundários da linguagem, mas nenhuma frase se resume a uma de suas combinações. Dizer que "vemos" algo, quando compreendemos uma frase, significa seguir um movimento ritmado irredutível a uma imagem; não existe aí nenhuma parada, nenhum ponto de vista para a contemplação. (A clareza da linguagem é cega, não deve nada à vista.) Enfim, a clareza não é a adequação entre uma frase e uma intenção, se entendermos por isso um querer-dizer que não seja ele mesmo uma frase. Se uma intenção precede normalmente a frase no espírito de quem a pronuncia, somente ele poderá estimar sua adequação; ora, a clareza de uma frase é o que há nela de mais evidente, ela se oferece a todos. A clareza é a capacidade da linguagem de se desdobrar, de exibir suas próprias possibilidades: ela só existe em superfície.

a economia

Uma frase é clara quando ela é fiel à sua própria possibilidade na língua. Se tal fidelidade não é evidente, é que ela não se confunde com o que a gramática permite e é, sobretudo, porque essa mesma possibilidade não é clara. A possibilidade de uma frase, na medida em que ela solicita o pensamento, está imersa em outras frases já utilizadas, tendo em comum com elas sua possibilidade de despontar. Não é ainda o que ela é, mas, fazendo-a aparecer retrospectivamente é que uma frase se mostra tal como ela é. A clareza de uma frase supõe, portanto, em geral, sua novidade: em geral as frases gastas não se mostram mais como são; o próprio ato de frasear aí desaparece. Uma frase é clara quando ela projeta uma clareza nova sobre frases gastas das quais ela realiza uma possibilidade comum. A frase deve, para tal, aparecer como a única forma imaginável dessa possibilidade. Desse modo, retrospectivamente, ela aparece necessária durante o processo da compreensão, quando evocamos outras frases para interpretá-la e somos obrigados a voltar para ela: "Não se podia dizer melhor". Visto que há coisas que não podemos dizer simplesmente, a clareza nada tem a ver com a simplicidade. Ela caracteriza, entretanto, o que é sem desvio, o que não abandona nada de sua própria possibilidade e responde a uma possibilidade de despontar sem acrescentar nem tirar nada. (A clareza é a elegância de uma forma sintáxica no sentido em que, em matemática, se fala da elegância de uma demonstração.) Uma frase clara é a condensação rítmica de várias frases gastas. A clareza é, portanto, a justificação da invenção das frases na economia da linguagem.

a "transparência"

Somente a linguagem é verdadeiramente clara e somente numa colocação rítmica singular, numa frase. Mas a clareza não permite esquecer justamente o que a produz, a frase em sua "transparência"? É verdade que, *a posteriori*, uma frase clara, fiel a uma possibilidade inédita, mostra as coisas, os referentes, como se aparecessem pela primeira vez. Mas é porque, justamente, a frase se declara a si própria desvinculada, numa relação livre com seu exterior, portanto, sem relação, sem transparência. E se ela se deixa esquecer, é para se fazer reconhecer em sua novidade, fazer reconhecer na linguagem, através dela, sua própria possibilidade, como as letras se deixam esquecer para fazerem reconhecer a palavra que formam. Ao desaparecer, o ritmo permanece, não numa transparência, numa visão do exterior, mas, pelo contrário, numa

claridade opaca e resistente, pura superfície:
na impressão.

6. A VOZ

a coerência

A literatura põe uma voz. Na clareza da impressão, as frases inventadas podem se unir numa cadeia discursiva, mas também numa trança formal. A amplitude das variações de forma e o espectro de possibilidades sintáxicas efetivamente exploradas num conjunto finito de frases são igualmente finitos, e se ele responde a uma necessidade interna, esse limite é o de um certo entrançamento. Ora, o que chamamos de voz representa o exemplo de uma trança formal desse tipo: tiques de linguagem, tons e passes recorrentes, um entrelaçamento singular de traços de linguagem – um idioma – aquém das qualidades sonoras da voz, da fluência, do timbre e da melodia. (Várias vozes idiomáticas podem se alternar na voz de cada um de nós e serem comuns a várias vozes sonoras.) A coerência mínima de um texto, sua unidade mais livre, não provém do discurso, mas da voz. Entendida desse modo, a voz não é uma metáfora, pois somente o escrito pode instalá-la: uma trança de formas sintáxicas, de colocações rítmicas mudas, é uma voz apenas escrita. (Na fala, a voz idiomática já é escrita, no sentido em que ela faz abstração das qualidades sonoras.) A literatura dá à língua uma ressonância cada vez nova, porque ela instala uma voz cada vez singular que só pode ser escrita: uma voz privada de timbre.

a trança

A emissão de uma voz responde a uma lógica completamente diferente daquela da invenção de uma frase. Inventa-se uma frase ao descobrir uma certa afinidade entre algumas frases gastas; ela é fundada numa analogia. Esta última concerne a alguns traços com exclusão de todos os outros, e ela tem seu princípio numa forma sintáxica única: a frase procurada. Emite-se uma voz entrelaçando um grande número de traços para trançar um grande número de frases. As afinidades, as analogias proliferam e não se conjugam mais em nenhuma frase; a coesão não é questão de identidade, mas de densidade. (Quando uma voz literária se rarefaz e se esgota ao proferir uma frase definitiva, ela desconhece sua própria natureza textual.) Os traços de uma voz provêm, sem dúvida, da sintaxe *lato sensu*, isto é, do ritmo: construções, mas também traços lexicais, retóricos, semânticos. E a trança se forma realmente graças à retomada e à alteração deles de uma frase a outra: ecos de tal forma, de tal tropo, de tal trecho de uma série de associações na convocação regular de tal palavra por tal outra etc. Esse entrançamento, porém, não supõe forma alguma que seja comum a todas as frases, ou que se imponha como sua única combinação possível; o próprio entrelaçamento desses traços sintáxicos não é mais de natureza sintáxica. (Um texto é mais do que uma longa frase ou uma longa forma, pois, na disposição de suas frases, seu idioma aparece sempre como capaz de produzir outras disposições e outras frases.) É a razão pela qual não existe amostra representativa da voz: a trança que a define é sem modelo. Como uma voz sonora, uma voz escrita se coloca somente numa variedade irredutível de tons, de tornos, de formas, de velocidades. (Se a voz tivesse seu segredo, ela não poderia contá-lo.) Ela não tem acesso a um nível qualquer de generalidade na língua, ela segue linhas rítmicas, tece os fios sintáxicos das frases conforme um parentesco cada vez mais próximo. Ela é a mesma como uma corda é a mesma, sem que nenhum fio a percorra de ponta a ponta.

o texto

É a voz que instaura o texto como tal. As relações sintáxicas de vizinhança entre as frases obedecem somente à exigência do encadeamento: narrar, argumentar, dialogar etc. Elas fundam apenas a ordem do discurso. Se um texto necessita de uma voz é porque ele é, antes de tudo, uma rede de relações entre frases não contíguas. E essa rede é imóvel, paira sobre o desenrolar linear do discurso. A voz é sua própria coerência, ela o constitui, portanto, como texto, como tecido ou como textura. (A coerência poética é superior – por ser mais livre – à da narrativa, do raciocínio e da conversa em geral; ela é estritamente textual.) Cada frase se liberta de seu contexto imediato – os elos que a prendem a suas vizinhas assinalam apenas sua maneira singular e abstrata de se encadear – e ela se coloca num espaço impassível, como uma partícula livre agindo sobre outras, à distância. Pela voz que o investe, o texto se expõe em toda clareza como um conjunto simultâneo de frases mantendo relações de parentesco no espaço instantâneo da linguagem. E a impressão revela essa natureza simultânea do texto, a igualdade entre todos os seus elementos, sua imobilidade; somente ela compensa a miopia discursiva da leitura. (A presença em bloco do escrito não é a imagem fixa de um desenvolvimento. É a própria presença, a única possiblidade, da voz.)

o processo

Na emissão de uma voz, a instauração é uma retrospecção. A trança que constitui a voz não tem modelo. Portanto, a voz não precede o texto de forma alguma – ela não se mostra em nenhum lugar antes que um conjunto de frases seja formado. É preciso que traços rítmicos recorrentes aí se destaquem para que, retrospectivamente, apareça um parco fio de voz. Pode-se então prolongar a trança, deixar-se orientar por ela na rede e permitir-lhe ampliar-se ao redor. (Em literatura, os verdadeiros temas não são as ideias ou as coisas evocadas. Como os temas de uma fuga, são antes de tudo fios sintáxicos.) Então, novamente, a voz se distingue – ou então se apaga – retrospectivamente; continuamos ou recomeçamos etc. O processo da voz é, portanto, livre: é uma instauração, e é necessário: é uma retrospecção. (O vaivém da escritura não se reflete no resultado imóvel do texto, mas em sua repercussão, que representa a leitura. Ela começa onde a escritura termina – no deslocamento que fecha uma fuga, a desordem.) Contrariamente à invenção de uma frase, esse processo pode ser relançado. É preciso um grande número de frases para expor com toda clareza uma trança irredutível a um modelo sintáxico: um texto ou mesmo vários. Pois o próprio texto não esgota as relações de parentesco que estabelece entre as frases: por mais singular que seja, ele se abre para um outro. (Dispor de uma voz de uma vez por todas seria a salvação.) Esse *et cetera* na voz, essa necessidade de seu processo, é, portanto, a necessidade de um texto, mas também a da literatura.

o "estilo"

A necessidade do entrançamento, se ela impede de prender a voz numa definição, permite, por outro lado, reconhecê-la ao primeiro golpe de vista. (A voz se imprime como um rosto.) A coesão de uma voz escrita é tal que um texto literário, apesar de tudo, está ligado em geral a uma só, mesmo se a faz emitir, como um ventríloquo, em diversos simulacros de vozes – por exemplo, em "personagens". Se um "poeta" ou um "escritor" procede da mesma maneira de texto em texto, então seu nome não nomeia mais a personalidade cambiante de um "autor", mas uma voz tão dominante que lhe são necessários vários órgãos, vários modos de entrançamento. É por isso que, embora nenhuma contenha sozinha o segredo, bastam quase sempre uma ou duas frases para reconhecer uma voz quando já a encontramos. Mas essa evidência da voz se trivializa na evidência de um "estilo", isto é, na ilusão de uma voz pessoal e ornamental. Ora, a voz não é o reflexo de uma psicologia, não pertence a ninguém. (Só escreve aquele ou aquela para quem falta a voz.) E a voz não se deixa tampouco fragmentar como um repertório ornamental. Léxico, construções, retórica, prosódia são subordinados à voz: é ela que determina o papel rítmico deles na sintaxe total de cada frase. A tarefa da literatura não é, portanto, produzir "efeitos de estilo" segundo o capricho do "autor", mas imitar uma voz que ela encontra aos poucos, à distância, em eco, na língua.

o lirismo

Imitar uma voz: a essa tarefa pode chamar-se a tarefa lírica da literatura. Mas não seria antes de mais nada na expressão dos sentimentos que reside o lirismo? Reconduzido a seu ponto de partida, ele se encontra despojado de todo *pathos* expressivo. Se a literatura imita vozes como tantas tranças formais possíveis, o lugar próprio dessas possibilidades não é o segredo de uma alma, mas já é a literatura. Antes do que uma regressão para a quimera de uma voz pessoal, interior, de um timbre infralinguístico, o lirismo é nesse caso a imitação de uma voz anônima, inaudível, que só se pode escrever e confere ao texto sua novidade, sua verdadeira singularidade. (Uma voz literária não é em si mesma nem branca, nem doce, nem áspera: é uma voz não vocal.) Na voz escrita, nesse eco primeiro, a retrospecção coincide com a instauração do texto como tal. A literatura se contenta então em afirmar e rompe definitivamente com a imitação. Pois imitar uma voz é simplesmente emiti-la.

procura-se uma frase
[isto não é um posfácio]

Eduardo Jorge de Oliveira

Escrever é procurar uma frase. Essa não é uma grande lição vinda deste pequeno e necessário livro de Pierre Alferi (1963-2023). Talvez porque estejamos cansados de grandes lições. Nesse sentido, *Procurar uma frase* dá à escrita uma dimensão concreta, singular e despretensiosa. Escrever é tão físico e vital quanto respirar, caminhar, comer, dormir, ir ao cinema ou beber um copo d'água. Sem ir tão além dos sentidos das frases, podem-se encontrar nelas gestos e atos que na sua singularidade existem e dão forma a uma meteorologia do sentido. Por essa meteorologia, considera-se ainda o sopro, a voz, a dimensão mais efêmera daquilo que se evapora de um texto para existir sob o termo *literatura* – que, para Alferi, existe sob a forma concreta de uma palavra *falada* e que, nem por isso, é oral ou pende exclusivamente para o escrito. Pierre Alferi foi um artista da palavra. Professor na Escola de Belas Artes de Paris, sua movimentação pela literatura passava por filmes, formas romanescas, poemas, composições musicais e até traduções da Bíblia, como foi o caso dos livros de Jó e de Isaías. Prolongando o caráter meteorológico da escrita, ele defendeu, em uma entrevista dada em 2013, que não faz sentido opor o oral e o escrito e acrescentou: "existe uma ilusão nessa separação que é, no fundo, metafísica, isto é, a presença corporal, o espaço da epifania da presença do poeta ou do performer, que ocorre na obra. E não acredito nisso. Há uma presença, mas em toda verbalização também há passado, futuro e esquecimento: do texto".

Sem se preocupar com origens, *Procurar uma frase* se ocupa de instaurar uma situação que se descola dos referentes para encontrar uma existência no texto. E por essa vida literária composta por frases vão-se conhecendo seres não biológicos com os quais se compõe toda uma comunidade onde os signos ocupam uma posição vital. É pela vida das frases que mortos e vivos encontram uma mimese rítmica que orienta cada leitora ou leitor. Por esses movimentos, uma frase ganha um ar de objeto. Cada escritor ou escritora sempre está à procura de uma frase. Embora mais difusa, essa busca também ocorre na leitura. Alferi não cria uma frase, ele procura e nos ensina a procurar uma frase. Alferi é poeta e escreveu diversos livros, dentre os quais está *Procurar uma frase* (*Chercher une phrase*), de 1993, que agora existe em português na tradução primorosa de Inês Oseki-Dépré. Foi pelas mãos da mesma tradutora que o ensaio *de um teatro de papel* foi publicado, em 2019, pela Luna Parque. É desse último livro que vem um diálogo com a busca de uma frase:

> Escrever é um gesto de evitamento, de contorno, de delírio no primeiro sentido

do termo – de digressão –, com o objetivo de fugir do cara a cara, da exposição frontal, da vigilância, da autoridade dos destinatários quando eles são ouvintes e espectadores/as. Escrevo – escrevi – e estou lendo isso para evitar ter que encará-los/as: invisibilidade, itinerância. Em outras palavras, escreve-se, sempre, contra o teatro e é somente nestes termos que se pode, eventualmente, escrever para o teatro.

O fragmento citado vem de uma conferência ministrada por ele num teatro em Estrasburgo. Ou seja, o texto passou pela sua vocalização. Foi escrito para ser lido em voz alta e tal dramaturgia existe em *Procurar uma frase*. Por aí se sobressai toda a questão da presença dos poetas no teatro, posta na cena da escrita a partir de Stéphane Mallarmé, que é o objeto do ensaio mencionado. Ao assinar o seu posfácio, Marcos Siscar faz menção a Haroldo de Campos quando escreve que "toda uma história da poesia poderia ser contada a partir de respostas que poetas de diversas nacionalidades deram ao poema *Um lance de dados*, de Mallarmé". Alferi é seu compatriota não apenas por ser francês, mas também por ser poeta. Isso já deixa compreender que os poetas são compatriotas dissidentes, nunca ou quase nunca aderem ao discurso do nacional. Alferi buscava outra coisa bem menos metafísica, uma frase. Para situá-lo como autor de diversos livros de poemas, *Kub Or*[1] (1994) é uma de suas obras mais interessantes em relação ao que pode ser lido tanto no que diz respeito a um "teatro de papel" quanto ao gesto de "procurar uma frase":

---

[1] "Kub Or" é uma linha de tempero em cubo dos caldos Maggi. Como assinala a própria publicidade da marca: "O caldo Kub Or tem sido um alimento básico no corredor de caldos há mais de 100 anos". Alferi possui uma obra que dispõe de muito humor e desmonta hierarquias da temperatura do texto literário.

ah apenas linhas baleias
se desdobram lidas se redobram
fino som de um fogo de salve
que se traça e é o vento
sem a chuva a reverência
a esse papel fólio e sua
morosa literatura

o guarda-chuva de mallarmé
[trad. minha]

Nesse livro, dotados de gravidade, os títulos caíram, situando-se sempre abaixo do poema, o que faz que se inverta a relação entre título e corpo do poema. Por essa arquitetura, Alferi responde aos rigores (teatrais) da página em poesia. O autor encontra, nas experiências do ensaio e do poema, uma frase ou duas, em que transforma o ato de escrita na dinâmica de um ator. A frase suscita a experiência de um encontro não apenas entre quem lê e quem escreve, mas entre gestos simultaneamente ínfimos e impossíveis, como uma das didascálias que tornam qualquer teatro irrepresentável:

> *(Duzentos pequenos violões executam jambos ictiofágicos.)*

Não apenas pelo fato de representar *Fedra* ou a sua variante debaixo d'água por uma comunidade de peixes, a questão do teatro de papel, junto à da procura de uma frase, renova os problemas da *mimesis* postos em literatura. Ambas produzem o seu salto ao inverificável, à imaginação crítica que se torna opaca ao se incrustar na linguagem. Sendo a literatura um lugar por excelência do teatro de papel, ela pode muito bem permanecer no seu lugar, na condição de "máquina preguiçosa" – nas palavras de Umberto Eco –, sem que tenha que mobilizar seu *corpus* para um real espaço de cena e toda uma cadeia que dele deriva para buscar dar soluções dramáticas, trágicas ou cômicas. Um teatro de papel nos ajuda a permanecer nesta procura da frase. Escritores, editores, tradutores, leitores, críticos se equivalem nesta atividade de modo horizontal e nada hierárquico no que diz respeito a atividades como, entre outras, a escolha das palavras e das frases.

Procurar uma frase foi escrito praticamente ao mesmo tempo que *Les allures naturelles* [Aparências naturais], obra que marcou a estreia do autor em poesia. Enquanto o livro de poemas tem dez movimentos: "pressão", "dissipação", "inércia", "circulação", "condensação", "deriva", "translação", "queda", "oscilação", "recuo", *Procurar uma frase* se vale de seis: "língua", "ritmo", "coisas", "invenção", "clareza", "voz". Esse surgimento duplo de livros gêmeos e distintos deu à obra de Alferi uma característica orgânica e inquieta: ensaio e poesia se correspondem na medida em que são díspares. Pelo menos tais sinais trocados da poesia com o ensaio suscitam uma ressonância crítica em termos de imagens, a saber, o poeta escuta o barulho de uma frase, fazendo com que venha dela o som da sua fabricação num gesto mais ensaístico, e o ensaísta, a partir de um "nada a dizer" (*rien dire*) de poeta *extorque* o som das coisas:

> como odores & calor os sons
> se propagam mas bem abstratos
> liberam e consomem mais rápido
> a presença de cada
> coisa eles são a inscrição
> mais hesitante. Nada
> de matéria nem imagem
> ainda surda e suave que
> batida no lugar certo
> não dê um som mas apenas
> os sons extorquidos dessas coisas
> que fazem voto de silêncio
> tamborinando num canto
> da mesa raspando uma grade com
> um lápis como se sopram as flores
> de dente-de-leão são puros
> produtos pela dissipação para o
> prazer puro de escutá-los
> dizer nada.
>
> [trad. minha]

Poeta e ensaísta não apenas elaboram o teatro de papel, como nele, ao buscarem uma frase, se tornam uma única existência sensível, a subtrair a frase das instituições literárias para torná-la mais acessível às intuições literárias. A instauração da frase a partir de Alferi é promissora naquilo que ela tem de simples, discreta, dissipadora. O livro é delicioso na medida em que expõe que ler e escrever são atividades físicas. Trata-se de uma busca que não é solitária, pois, uma vez que a frase existe, o *dito* se inscreve no *escrito* e o *escrito* também circulará pelo *dito*, num contínuo movimento da transmissão. Nesta obra, ínfima e infinita, em que a frase se abre a nuances de objetos e gestos, Pierre Alferi nos convida a continuar a tarefa de procurá-la.

Paris, 30/3/2023
Curitiba, 20/1/2024

Sobre o autor

Pierre Alferi (Paris, 1963–2023) é poeta, romancista, ensaísta e tradutor. Doutor em filosofia, foi professor na Faculdade de Belas Artes de Paris. É autor de mais de 20 livros e de uma obra diversa, compreendendo também vídeo-poemas e canções. Com Olivier Cadiot, dirigiu dois volumes da *Revue de Littérature Générale* e com Suzanne Doppelt, a revista *Détail*. Com o escultor Jacques Julien, produziu os DVDs *Ça commence à Séoul* (2007) e *Cinépoèmes & films parlants* (2006), e com o músico Rodolphe Burger, a quem dedica o presente livro, os livros e DVDs *Lon Chaney* (2004) e *Intime* (2013). No Brasil, publicou *De um teatro de papel* (Luna Parque, 2015), também traduzido por Inês Oseki-Dépré.

Coleção Peles Inventadas

Inventar uma pele é um exercício minucioso que requer atenção aos detalhes e à totalidade do corpo. Os sentidos de superfície e de profundidade entram em uma relação dinâmica para esta série de pequenos ensaios, cujo ponto de partida é uma frase de Nuno Ramos: "inventar uma pele para tudo" (Cujo, 1993). "Peles inventadas" propõe a invenção de superfícies textuais e de circulação de formas por escrito: ensaios e textos híbridos que buscam aproximações e fricções da literatura com as artes plásticas, com a filosofia, com a antropologia e com a ciência, inclusive na sua acepção mágica e acidental.

1ª edição [2024]

Esta obra foi composta em Mercury e Trade Gothic e impressa sobre papel Pólen Bold 90 g/m² para a Relicário Edições.